Unerhörte Nähe

Ulla Hahn

# *Unerhörte Nähe*

Gedichte

Mit einem Anhang

für den, der fragt

Deutsche Verlags-Anstalt

Stuttgart

*Irrtum*

## *Irrtum*

Und mit der Liebe sprach er ists
wie mit dem Schnee: fällt weich
mitunter und auf alle
aber bleibt nicht liegen.

Und sie darauf die Liebe ist
ein Feuer das wärmt im Herd
verzehrt wenns dich ergreift
muß' ausgetreten werden.

So sprachen sie und so griff
er nach ihr sie schlugs nicht aus
und blieb auch bei ihm liegen.

Er schmolz sie ward verzehrt
sie glaubten bis zuletzt an keine Liebe
die bis zum Tode währt.

## *Wie es anfängt*

Ich nehme bei jedem Klingeln den Hörer ab
Wenn er sich meldet sag ich Hallo und Gehts gut
Frage ihn ob er gerne Kartoffeln ißt
und wie ers hält mit der Emanzipation

Er geht gern durchs Gebirge sagt er ich sage ich auch
Er empfiehlt mir einen Aufsatz zu lesen ich lese
Ich beschimpfe das Wetter. Er sagt schön Sie zu hören.
Ich putze den Telefonapparat er funkelt durch Tag und Nacht.

## *Vorfreude*

Wenn Sie mir versprechen
so wahr zu lügen wie ich
Wenn Sie mir versprechen
die Kehle nicht weiter mir zuzudrücken
als ich Ihnen

Wenn Sie mir versprechen
so schwer wie ich an Ihnen
zu tragen an mir
Wenn Sie mir versprechen
nicht härter als ich zuzuschlagen
Nicht mehr von meinem zu lecken
als ich von Ihrem Blut
Dann wird ja alles gut.

## *Alte Filme*

Da hat nach Jahren wieder einer die Macht übernommen
zu sagen Ich komme Ich geh. Geübt in allen Formen
der Demokratie habe ich dennoch sofort bedingungslos
kapituliert. Die Augen verdreht wie Frauen in alten Filmen
nur die solide neunzehnhundertjährige Ohnmacht blieb aus.
Wußte er was er mir antat als ers mir antat
Mein Erobrer ist fort wüstes Land und es harrt seiner eine
Rebellin wenn seine Stimme von weither nicht bald
fordert Recht und Gesetz.

## *Hoffnungsloser Fall*

Frau sagt der Verstand und klopft
an den Hinterkopf
Du doch nicht doch nicht noch einmal
und schon gar nicht so einen
sagen die Schwestern mit ihren lila
Herzen unterm Latz
und schon gar nicht den
Das haben wir doch alles x-mal
in den letzten Jahren durchgenommen
Hast du deine Lektion
denn noch immer nicht kapiert
Sagen die Schwestern ungeschminkt
Lassen mich stehen mit meinem
störrischen stolpernden Dingsda von
Anno Dazumal mit Melissengeist
Franzbranntwein Borwasser und
mit dir.

*Nie mehr*

Das hab ich nie mehr gewollt
um das Telefon streichen am Fenster stehn
keinen Schritt aus dem Haus gehn Gespenster sehn
Das hab ich nie mehr gewollt

Das hab ich nie mehr gewollt
Briefe die triefen schreiben zerreißen
mich linksseitig quälen bis zu den Nägeln
Das hab ich nie mehr gewollt

Das hab ich nie mehr gewollt
Soll dich der Teufel holen.
Herbringen. Schnell.
Mehr hab ich das nie gewollt.

## *Vorsicht*

Meine Sehnsucht hat wieder
einen Namen der mich anfüllt
mit Glück und Schmerz.
Dabei hat sich nichts merklich geändert
Ich geh durch die Tage lächelnd
wie er durch mich geht
mit seinem Geruch seiner Stimme
seiner Gestalt die mein Verlangen prägt
seinem Leib der den meinen ganz und gar umkleidet
Ich versuche mit aller Kraft
nicht zu sagen
Komm oder Geh oder Bleib.

## *Sirene*

Daß ich den Rhythmus deines Pulsschlags sah
so nah in deiner Achselhöhle aber
die Luft war geladen
Nicht anfassen Lebensgefahr aber
die Luft war aus Glas
deine Worte prallten von meinem Trommelfell ab
Meine Augen berührten dich meine Augen
öffneten dich meine Augen erhörten dich
meine Augen gaben dir Hände und Ohren
und Mund meine Augen dein Haus
Vorsicht meine Augen Lebensgefahr.

## *Fast*

Abend im März. Glückselige Musik
von Amseln und alten Meistern.
Er rief an. Ich hätte ihm fast
die verbotenen Drei Wörter gesagt.

*Selig sind die Wartenden*

mit den zerbissenen Lippen und Fingernägeln
den von Briefen gestopften Mäulern
Welke Blumen knebeln ihnen die Kehlen.
Sie tasten unentwegt mit der rechten
nach ihrer linken Hand.

Selig sind die Wartenden

Sie bedürfen der Stunden nicht
nicht der Tage nicht des Wachens
des Schlafens. Sie spannen sich
in ihrer Haut bis die Poren platzen
jedes Lächeln sich selbst zerdehnt.

Selig sind die Wartenden

an ihnen saust der Erdball vorüber
das schärfste Stück Welt
löst ihren Blick nicht
aus der verheißenen Richtung.

Selig sind die Wartenden

mit dem wäßrigen Glanz der Hoffnung in den Gesichtern
mit dem Traum der sie schützt vor dem Schlimmsten
mit der Zielscheibe über dem Herzen
damit es sie jederzeit trifft.

## *Aller Welts Mann*

Ich höre dich sehe dich
überall in unserer Stadt
Von dem einen nehme ich
deine Beine vom anderen den Leib
deine Augen den Mund ach die Nase
die Wangen die Stirn vom
Dritten Vierten und Fünften du wirst
immer schöner und größer du wirst
sie alle. Und dann setz ich dir
den Hut auf den Kopf von
dem da den Schal übers Kinn
und dann kommst du Harun
al Raschid zur ersten der
Tausendsten Nacht lächelst
ganz wie im Leben und dann.

## *Wohnhaft*

Wohnen willst du mit mir da
wo die Wolken wurzeln und die
Zahl der Toten fest steht für immer
stand da noch nie ein Haus.

## *Sammlung*

Ich will es versuchen
dafür gibt es lebenslänglich
Ich glaube nicht
läßt die Sirenen von selber losgehen
Ja aber
preßt das Blut aus den Fingerspitzen
Soll ich? Ja!
stößt die Lerchen aus ihren Nestern
in den morgenroten Tag

Komm
durchquert alle anderen Wünsche
saugt eine scharfe Erfüllung an
Bleib
reißt die Tür auf zur Flucht
Geh
wie kann ich fesseln was mich frei macht

Bis daß der Tod
die Sonnenblumen entblößt
ihre Kerne in meiner Hand.

## *Geheimnis*

Daß die reine Luft den Vogel nicht zerreißt
daß ihn ihr Widerstand trägt
Wer begreift schon das Schlagen der Flügel
diese Bewegung zwischen Ich und Du
wenn sich das Junge vom Nest stößt.

## *Nachhausefahren*

Kein Umweg mehr nötig wir schlagen dieselbe Richtung ein
finden immer mehr Anhaltspunkte auf einer Route bilden
vorwärtslaufende Sätze auf ich und du und Vertrauen.

Kein Verdacht liegt nah in dieser weiten Landschaft
aus Zeit und Raum und wachsenden Schatten weist alles über
sich selbst hinaus. Und wir fahren

durch diesen langgestreckten katzengebuckelten Tag
mit noch grünen Laubaugen grell im reifgrauen Fell
durchlässig fast für alles mögliche frei

willig an deinem Haus und an meinem Haus vorbei.

*Eine von gestern*

Er soll aber wissen daß in seiner Stadt
eine lebt verwitwet ein Schiff ohne See
Stunde um Stunde spricht sie vor sich hin
verstörte Morsezeichen
Save my soul Come back Over
Niemand hört sie
sie weiß es sie liebt
ins Leere
Schaut einen Strauß Narzissen an
als hätte es ihn gegeben
Schaut auf ein paar Tage und Nächte zurück
als hätte sie davon gelesen.

## *Anschalten*

Wieder reißt eine Musik
opus elf zum Beispiel oder
die Linzer du weißt schon
Erinnerungen auf. Der Moment
zerspringt in lauter vergangene Tage

Jetzt solltest du da sein sagen:
Alles fängt an. Hier ist das Wort
für die Bank hier für den See.
Sitzen saß gesessen haben wir dort
in vielen schönen langen Sätzen

Dann die Silben zwischen den Küssen
später nur die Laute der Leiber noch
Einander erkennen hast du gesagt.
Ich schalte das Radio ab.

## *Abschied*

Ich drücke dir nicht die Augen zu
Binde dir nicht die Kinnlade hoch
Kreuze dir keine Arme über der Brust

Du kannst ja den Mund noch auftun
Und die Hand heben daß die Eisenbahn pfeift.

## *Kleines Tier*

Als ich für dich durchs Feuer ging und sang
im Harnisch ganz aus Flammen hielt
den Kopf ich übern Kopf und ich entsprang
als Salamander meinem Häufchen Unglück

Du siehst ihn wenn du in der Sonne gehst
den Arm um einer anderen Haut geschmiegt
er huscht dir übers Herz und du verstehst
sekundenlang was mir den Mund zerriß.

## *Mit mir*

Bis daß der Tod euch scheidet
willst du nicht mit mir
Ich muß dich schon im Leben
überleben. Und vorwärtsgehen.
Nicht mit dir.

Es fällt der Abschied
Regen auf mein dürres Land
Die Saat wird aufgehn. Blumen
wachsen wie zahme Vögel
mir in meine Hand.

Du hast dich längst ins Trockene
gebracht und bleibst da stehn.
Strohsterne hängt man in die
Tannenbäume die abgeschlagen im
geschützten Raum vergehn.

## *Besonderer Tag*

Aufstehn ins Bad Frühstück mit Tee
Aus dem Fenster schaun
und sich warm anziehn hochgestiefelt
durchs Laub. In der Bibliothek
das Richtige finden dem
Nachbarskind die Schnürsenkel binden
Mittags Wiener Wurst aus der Hand
Dann mit hochgeschlagenem Mantelkragen
dösen auf einer herbstwarmen Bank
Nachmittags lesen Notizen machen
festhalten die Zeit
scheint sich zu weiten wir waren
den ganzen Tag lang zu zweit.

## *Ein Netz*

Freunde sind wir geworden Geliebter
schmolzen im Lauf der Jahre
unsere Schwerter zur Schale
wir tranken draus
Schwermut und Lust

Abschiede kamen wie Hunger und Durst
wir gaben sie immer. Daraus
flocht uns die Zeit ein Netz
aus Treue und Trost

Herzenssatt liege ich bei dir
in sicheren Schlingen
Wir hören zu atmen nicht auf.

## *Septembermorgen*

Du und ich durchdrungen vom Licht
eines Septembermorgens. Wir verstehen uns
mit der Haut und der Luft
die sich um unsere Haut legt
darunter das Herz
das jetzt so friedfertig schlägt.
Bald öffnen sich die
Kastanienschalen von selbst
geben die Frucht frei.

## *Anfang Oktober*

Du schenkst mir Rosen und behältst den Strauch
und Äpfel die ein Wind herunterriß in deinem Garten
und keinen Baum kein Haus kein Kind dein Wort
löst sich in ferne Vogellaute auf

Ich sage bleib noch öfter als bisher
und laß dich gehen
Die reifen Beeren von den Ebereschen
ergreift der Vogel weit trägt er sie fort.

## *Würfelspiel*

Kommt einer mit müden Augen. Wach
werden sie wenn er mich anschaut
und grün. Wir liegen wer weiß wo
Rosen und Astern wachsen aus einem Strauch
und die Elstern vorm Fenster
schütteln die Würfel im Schnabel
knobeln in ihren Kehlen:
Unpaar oder Paar.

## *Reinschrift*

Wird es die Garamond wird es die Bembo sein
Einerlei. Vor deinem und meinem Fenster
ritzen die Elstern mit schwarzweißen Federn
uns unser uns uns ins erste und letzte Licht
Schritt für Schritt Wort für Wort
wir üben vierfüßiges Gehen deklinieren uns
im Duett wie herrlich
leuchtet mir die Natur
deines reinen Tischs neben dem meinen
Dein Leben und meines endlich auf einem freien Blatt.

*Reisesegen*

Fahr weiter mit mir mein Gefährte spring
nicht ab aus der Zeit weils zu schnell geht
zu langsam die Brücken vermint die
Straßen eben noch fest reißende Flüsse sind
Weils dir schöner scheint im Schatten
genügsam ein Pflüger zu sitzen setz
dich nicht fest in der Zeit. Glaub mir
wir werden in dieser Richtung vorwärtskommen
Hab keine Angst ich versprech dir wir kommen
niemals ans Ziel.

*So daß*

## *So daß*

es sich lohnt die schönen Reste
nochmal zusammenzukratzen
so daß
ein Du von jüngeren Frauen verjüngt
so daß
alte Männer Mädelchen sagen dürfen
so daß
junge Männer die Söhne sein
könnten die Geliebten sein
so daß
die Augen weitsichtig werden

So zwischen
nicht mehr und noch nicht
so zwischen
das wars dann und das kann noch werden
so zwischen
gib her und nimm hin
zwischen
ich war schon ich bin
so ein Alter ist das.

## *Atempause*

Hundstage lassen mich zackweg verschwinden
von teigweichen Straßen übern Zaun in
den Garten der Freundin. Hier
ruhe ich mich vom Spiel
mit dem Feuer im Stechpalmenschatten aus
Trinke Tee warte ab auf niemand und nichts
Kummer kennen nur die Kinder der Freundin
mit Bruchrechnen Englischvokabeln unserer
schöngefärbten Haut hält die Zeit keinen
Spiegel vor hier. Fährt der Wind in die Bäume
der Nachbargärten bewegt sich was leicht ist
Blätter und Äste über unsere Köpfe und Körper hinweg.
Neidlos folgen die trägen Augen Vögeln
Flugzeugen Schmetterlingen in blasser Luft steigt
alles und fällt und noch einmal und wieder von vorn.
Im Garten der Freundin stehen die Tage still.

## *Halbzeit*

Ich bin jetzt halb so alt wie ich gerne werden möchte
und bleibe öfter als früher vor alten Bäumen und Häusern stehen:
Suche Deckung hinter meiner erprobten Melancholie
wenn mein Auge unsere verblühenden Züge jäh überfällt.
Nur noch selten nehme ich neue Sätze und Menschen in Zahlung.
Die Treue bis ans Grab rückt näher.

## *Zeitsprung*

Um einen Kuß bat mich der alte Mann
mit lippenlosem Mund um einen Kuß
Ich spürte seine Zähne durch die straffgespannte Haut
Hielt still. Hielt stand

Dem was da auf mich zukam jählings
mit Gewalt mich bald zur alten Frau
heruntermachen betteln lassen wird
mit lippenlosem Mund um einen Kuß.

## *Stattdessen*

Stattdessen immer im Dreivierteltakt gestolpert
schöne Gespenster im Arm mit meinem Fleisch
und Blut redlich genährt. Nah wie Körper
an Körper lag ich mit ihnen. Aber den vierten
Taktschlag habe ich immer verfehlt.

Stattdessen immer weiter aus Reih und Glied
geraten. Mein Lied mit Tönen gespickt
bis es zersprang. Immer im hohen Bogen und
drüber hinaus geflogen. Aber in Wirklichkeit
kam ich nirgendwo an.

## *Auf ewig*

Tod, Schwester die ein bißchen blaß ist
frische Blutströpfchen braucht deck mich zu
mir ist kalt. Spiel schöne Spiele mit mir
meiner dir dich: Erinnern macht alt

Tod, blasse Schwester komm schnell ich meine
dich wirklich nicht den der kommen soll
kommt mit dir ganz schöne Spiele versprach er
auf ewig bleibt er bei mir.

## *Total*

Den Tränen nah. Das war das letzte Spiel.
Wer offen spielt hat keinen Sieg verdient
sagen die zuschaun hinter schwarzen Gläsern
und reiben sich die Nase mit den Fingern

die auf die zeigen die sich ganz verlieren
im Spiel und im Verlust.
Nur denen kommen Tränen in die Augen
die ohne Brille in die Sonne sehn.

## *Show*

Striemen über der Brust
Die zertretene Erde
Tut es weh? Nein nicht mehr
Nur noch wenn ich lache
Das Zerreißen geht weiter
Ich bin daran gewöhnt
In den Pausen Bauchtanz
Später Champagner
Den Dreck nicht abwaschen
Den Rotz hochziehen
Meine Arme um deinen Hals
Ich und Du ist noch immer
kein Trick.

## *Unerhörte Nähe*

Geruch von Regen und nassem Mull
Handtuch in einer Badeanstalt
Im Rücken Plastikgras der Durst
zwischen den Grenzen des Fleisches
Die Adern erkennen. Lautlos
bewegt sich der Mund. Das hat
noch mit Leben zu tun.

*Richtig sein*

So zu sein wie die die dabei sind
eingehakt in der Demo gegen Ritter Teufel und Tod
Gruppenreisen mit Fahrrad und Rucksack in die Toskana
eine Beziehungskiste und in der Kneipe ein Bier
So zu sein wie die die es ganz genau wissen
rem rad becquerel und was man tun darf was nicht
Immer zur richtigen Zeit die richtige Zeitung lesen
aus den richtigen Vogelflügen Zukunft mißdeuten
Ja so
zu sein wie alle die immer dabei sind und nicht
jedesmal wieder dies Heulen und Zähneklappern
bis alles vorbei ist und der letzte Buchstabe mir
zwischen den Augen verschwimmt.

## *Beste Jahre*

Verschiedene Vögel fallen aus allen Wolken selbst
arglose Pflanzen sind zum Lügen gezwungen
es regnet es regnet die Erde wird naß und krank.
Und ich sehe mich dastehn eine Frau
die das alles im Kopf hat in den besten Jahren
mager vor Angst daß er aufsteht und geht.

## *Inbegriffen*

Pizza Lasagne zweimal Rotwein viel Wasser
das Kind ist zufrieden der Vater der Kellner
lächelt über sein ganzes dunkles kleines Gesicht mir zu.
Eis am Stiel im Dezember wir singen
von Räubern im Wald bis es uns weiß
aus dem Hals dampft
stampfen zu Möwen- und Gänsefutter mein
steinaltes beinhartes Brot.
Niemand reibt sich die Augen
wenn er das Kind sieht fliegend
an meiner und seines leiblichen Vaters Hand.
Gut denke ich daß ich all die Schnitte
ins eigene Fleisch bislang überlebte
Lasse diese Stunden ganz langsam zergehen
geborgen geborgt.

## *Romanze*

Sobald er sie angeschirrt hat am Morgen
an Kleiderbügel und einen leeren Abfalleimer
eingezäunt in Tapetenpapier
reitet er im verplombten Wald sein tägliches Turnier

Gern schriebe sie federnde Briefe ihm hinterher
die seinen Rückzug aufhalten
aber die preisenden Pfeile bleiben
ihr stecken im eigenen Fleisch

Auch muß auf dem Tisch am Abend
ein von Liebe durchdrungenes Essen stehen
Kartoffeln und feine Gemüse fallen ihm
in den Teller wie reife Reime

Jedesmal zwingt sie sich neuer zu sein
als am Vortag steckt in ihr Zaumzeug
Gardenien legt ihm ihr Fleisch zurecht

und kommt aus dem Glück gar nicht
mehr heraus wenn er ihr zwischen die Beine
flüstert: Ich werde bleiben.

## *Zu hell*

Das Licht verzückt die Dinge rückt
in Eins was Schatten schieden in
sehr nah sehr fern
Läßt Düfte sichtbar steigen Steine
schnell und schön zergehn. Der Marmorgott
verschwimmt im Himmel mir
aus meinen Augen.

## *Das Wasser*

Angelus Läuten am Abend kaputte Uhren
kein Telegramm das meine Blöße bedeckt
Nur das Wasser zöge die Hand nie zurück aus meinem Haar
Können Sie mir sagen wie spät es ist. Bitte.
Bitte. Lächelnd und sauber tönt mir der Gong ins Ohr.
Er wird nur noch meine Kleider finden.
Alle Türen weit offen. Das Wasser davor.

## *Bar*

Für Andrej Tarkowski

Die Erde liegt verschlossen
Der Wunder bar
Es schneit in die Kirchen
Wir schweigen
Und flechten den Toten das Haar.

## *Vier Jahreszeiten*

Dieses Frühjahr werde ich fantasieren
eine sanfte Fallschirmlandung zwischen
Starenschwärme unbefleckte Narzissen
Dazu ein weißer Schleier ein Hochzeitsfotograf

Diesen Sommer werde ich streunen
übers feste frische Gras am Abgrund
des Paradieses von weitem nach mir pfeifen
hören Peitschenknall in der Luft

Diesen Herbst werde ich begehren
abgewehte Äste fürs Feuer
ein Dach überm Kopf und Wörter
zum Steinerweichen genau

Diesen Winter werde ich warten
vor verschlossenen Oktoberrosen
Himmeln die regnen keinen herab
Seen aus Eis ohne Einlaß.

*Abgetippt*

## *Abgetippt*

Die Hoffnung ist vorbei
etwas anderes könnte mein sein
als ein Schreibtisch an dem sich
das Leben verwandelt in Papier

So unter der Hand geht alles
verloren was wirklich ist
Ich schreib dich ein und aus und um
bis du zerschrieben bist.

*Aussaat*

Diese Romane auf Liebe und Tod
und das Leben hier
in immer dürftigeren Verstecken
Einmal mit weiten Schritten
unter freiem Himmel vorwärtsgehen:
große Worte einfach fallenlassen.

## *Vorgeschrieben*

Diese Sehnsucht
dich beim Namen zu nennen
Diese Angst
dich beim Namen zu nennen

Diese Sehnsucht
Wort zu halten
Diese Angst
nur Wort zu halten

Diese Sehnsucht nach einem Leben
das kein Gedicht wird
Diese Angst vor einem Gedicht
das ein Leben vorwegnimmt.

*Eine Rose ist eine Rose*

Die Wunde aufgerissen
Es ist dir noch einmal gelungen
Ich seh:
Roh. Es
ist Rotes ist keine
Rose.
Nur ein Kunstwerk
ist schön
wenn es blutet
nur ist ein
Kunstwerk schön.

## *Schreiben*

Tief wo Aale und Wörter
die Leichen fleddern
mästet sich das Gedicht
am versunkenen Leben

Wie es sich windet
in Rotz und Wasser
Narben aufreißt Wund
ränder weit auseinanderbricht

der Schädelhöhle
Erinnern einpreßt
bis aus den Augen
das Salzige quillt

Schließlich das Herz besticht
noch einmal wie im
Leben zu schlagen mit
dem Versprechen von Liebe

Endlich der Pulsschlag
in Wörtern und Silben
ausgesaugt jede Sekunde
das Leben noch einmal zerstört
geborgen im Wort.

*Letzte Vorstellung*

Noch einmal schön schreiben
ohne zusammengebissene Zeilen
locker lockend gelockt blond
und auf Zehenspitzen der Schrei
läßt das Zäpfchen bel canto vibrieren
Du sitzt in der ersten Reihe
und klatschst.

## *Vom Firmament*

In dieses Zimmer trug mich der Sturm trog
als er mirs hinbrauste als eine feste Burg
von Bestand. Nichts da. Tief unten die Erde.
Die Kammer auf Stecken schwankende morsche
Masten die Segel: der Himmel ahoi!
Vor mir ein Bauplan. Vergilbt kaum noch
lesbar. Sandkörner in meinen Haaren
gefangen nach jedem schweren Sturm mein
Baumaterial dazu mitunter von Sternen
ein Stein. So bau ich herab aus den Wolken
mein Turmhaus ins Fundament.
Ob mir der nächste Sturm geneigt sei der Stein
mich nicht zerschmettere ob ich auf ewig baue
drei Tage schief schäbig schön gerade krumm
Ob ich jemals festen Boden unter die Füße bekomme?
Meine Haare im Sturm. Ich baue.

*Meine Damen und Herren*

Das Gedicht meine Dame ist kein Kölnisch Wasser
für kalte Kompressen aufs Herze
ist kein Deo gegen den Angstschweißgeruch
wenn er geht. Dreht keine Locken flicht
weder Zöpfe noch Kränze
färbt keine neue Jugend ins graue Haar

Das Gedicht mein Herr hat nichts mit Ihnen
zu schaffen. Nichts mit Ihrem Hand
auflegen wenn eine von uns um
einen von Ihnen weint nichts mit Ihrem
Fuß der tritt wo immer er hintritt
mit Ihrem Krieg nichts und nichts
mit Ihrem Sieg

Das Gedicht mein Herr erschafft auch keine Waffen
ist meine Dame kein Kunststückchen zum Begaffen
läßt sich nicht rauslassen einhalten an der
rückwärtigen Naht oder mal eben schaben
wie einen Dreitagebart

Wenn's nicht paßt oder sticht das Gedicht
lassen Sie sich doch ändern
von dem und mit dem und um
das Gedicht herum.

# *Zum Sonntag*

## *Zum Sonntag*

Das Leben ist schön.
Das ist ein Satz.
Oh Mann ganz hoch oben
am Himmel zu lesen.

## *Münchhausens Schwester*

Haare gelassen? Alle nie. Immer wieder
am eigenen Schopf aus dem Sumpf
und mit Hennessy zugegeben und Gott
sei Dank immer noch genug

zum Rausziehn wachsen sie nach
und nach wird der Griff routiniert
und das Haar steht auf Kommando zu
Berg Talfahrt gratis sobald der Gipfel

erreicht ist runter den Bach. Ach
daß irgendwo Milch und Honig fließe
wer möchte es glauben. Flössen sie

flöhen wir nicht – fürchtend wir müßten
ertrinken in unserm schöneren Selbst –
zurück in den Sumpf?

## *Selig sind die Enttäuschten*

nicht länger
nennen das Laue sie heiß
oder schüren das Eis mit Feuer
Sie nehmen den größten Finger
nie mehr für die ganze Hand

Selig sind die Enttäuschten

denen das Grün der Blätter gehört
nicht der Hoffnung
Erde liegt ihnen zu Füßen
Sonst nichts
Über ihnen gähnt mächtig der Himmel
Ihr Leben spielt sich
nie wieder in luftleeren Räumen ab

Selig sind die Enttäuschten

ihr Schrei
beim Absturz
auf die eigenen Beine.

## *Kinderlied*

An heißen Sommerabenden sang
ich abends mit meinem Bruder
im Bett: Mein Vater war
ein Wandersmann er war
aber nur erschöpft von Hitze und Krach
in der Maschinenfabrik
brüllte Ruhe
Ganz leise sangen wir weiter
Aber der Vater spitzte die Ohren
brüllte noch lauter
Ruhe. Wir summten
Der Vater schlich an die Tür
Ruhe. Die Stimme kippte
Wir hämmerten mit Pedal
vierhändig auf das stumme Karoklavier.

## *Durchs Dorf*

Vorbei
am übermannshohen Zaun
der Villa vom Schnapsfabrikanten
der führte seinem Nachwuchs
einmal im Jahr zum Spielen
auch Arbeiterkinder zu

Weiter vorbei
an der Burg hinter Stacheldraht
im streng verbotenen Park
wo der Freiherr den Hund
auf uns hetzen ließ
mit einer Bewegung der Hand
die ich abends vorm Spiegel übte

Weiter vorbei und hin
von den geteerten Straßen
dem Geruch nach Rüben Porree und Kohl
und vom anderen Ufer Chemie
an den Rhein den Rhein entlang

Weiter vorbei und zurück
in das kleine Haus zwischen großen
Die Frau darin freute sich
neun Monate lang auf mich
Wo bleibst du so lange fragt sie
Jetzt ist der Kaffee kalt.

## *Spürest du*

Wenn der Tag sich neigt steigen
die Reste des Lichts. Gnadenfrist
in den Wipfeln kreischt Wind auf
spreizt er die Kronen kein Nistplatz
kein Halt keine Ruh.

## *Endstadium*

Aber die Hoffnung
hat kein Verfallsdatum
Das Rauschen der Wellen
Das Rauschen der Wälder
Nur welkes Laub zerfällt
und die Kronen aus Schaum.

## *Ballade von S.*

Zehn Meter vor dem Gipfel
glitt der Fels ihm heute
wie gewöhnlich aus der Hand
und wie noch nie nach oben

Nun stand der Mann
mit leeren Händen da
lief hinterher Triumphgesang
Triumph der Fels bleibt liegen

In seinem Schatten S.
Jahrtausendmatt
Schaut seine Hände an
S. war

S. nur wenn er den Felsen rührte
wenn Schweiß floß Füße Finger
Blasen warfen Mühsal
Belohnung immer nur verhieß

Wenn er den Kopf
am Stein sich wund stieß
spürte S.: Ich bin.
Jetzt ohne Bürde

spürte er nichts mehr. Nahm
weder Wind noch Quellen
noch den Dattelbaum den
Abendstern nicht wahr

und nicht den Weg
hinunter zu den Menschen.
S. hatte überlebt. Zu leben
nicht gelernt. Der Fels

ließ sich nie wieder
von der Stelle rühren.

## *Vielleicht eine Hand*

Ein Mädchen eine Frau glatte Haut
Falten sackendes Bindegewebe. Dann
ein Hügel hochaufgewölbt frische Blumen
Kränze mit Schleifen viele Füße
ringsum. Später Begonien
Buchsbaum ein Kiesrondell später
die Marmortafel mit Namen von bis
daneben Lebensbäume. Füße mitunter
Schnittblumen in der Laterne ein Licht.
Später nur noch der Gärtner zweimal im
Jahr vom Konto der Erben abgebucht.
Dann Efeu. Moos in den Sprüngen im Stein.
Dann und wann vielleicht
an einem Tag im Altweibersommer
dann und wann vielleicht eine Hand
die Spinnweb und Blätter wegschiebt
Augen die den Namen entdecken
hinterm Stein junge Katzen noch blind.

## *Sie bleiben*

Schön gemacht sagt der Tourist
auf gepflegt gepflastertem Steinweg
Schön gemacht schweift sein Blick
in die ruhigen Wellen des Parks
Nur ein paar dezente Tafeln
weisen auf ihre Saat in den Beeten:
Fünftausend Juden schön gemacht
zehntausend Juden Zigeuner
zwanzigtausend und noch
einmal fünf einmal zehn
Schöngemacht hingemacht sauber
und so akkurat. Erika heißt
das Blümelein auf diesen Leibern
blüht es üppig wie nirgends
im dürren Heidegrund sonst.
Immer der Nase nach führt der Rundweg
zwischen den Hügeln zum Ausgang
Die Erinnerung an die Erinnerung
eckt nirgends an. Der Tourist
packt die Kamera weg
Hier ist kein Motiv das sich lohnt.
Nur von weitem sticht der Obelisk
als Schornstein ins Auge.
Die Toten längst Staub geworden
Der bleibt.

*Auslösen*

Manchmal unterm runden Mond
fließt mein Blut rückwärts
in meinen kleiner werdenden Leib
Schwemmt weg was ich lernte und litt
aus Büchern Küssen Schlägen. Löst
mich aus meinen Kostümen Stiefeln
den winzigen Kinderschuhn
Macht mich blind taub stumm
Endlich leben im Takt
eines Herzschlags
der noch nichts von mir weiß.

## *Grenzpfahl*

Der stand an der Kreuzung
im Wald in der Dämmerung des Sommers
ganz warm. Ich im Gras lehnte
den Rücken an ihn. Saß
einen Tag einen Monat ein Jahr
lang dort. Sah keines Menschen
Seele war überglücklich.

*Fest auf der Alster*

All das Eis wir schwelgen
im Winter unter der Sonne
Laufen auf Kufen im Kreis
und gradaus mit und gegen
und durch Licht und Wind.
Alte Ehepaare ziehn sich
noch enger zusammen
Vater und Mutter kreisen
in hohem Bogen ums Kind.
Wippende Mädchen im heiratsfähigen Alter
lächeln aus der Hüfte heraus gutaus
staffierte Lilien in kühnen Kurven
kreuzen ihre Herzensmänner das Feld.
Sogar silbrige Herren und Damen geraten
ins Schleudern der Hut fliegt vom Kopf
der Hund rutscht hinterdrein
wittert Glühwein auf Eis.
Übermütig lächeln wir alle verschworene
Kinder die vom selben Süßen genascht
Werfen Lächeln wie Bälle uns zu
durch die lächelnde Luft. Lächeln
als gäbe es nichts zu bestehn
als den nächsten Schritt als geschähe

nur was wir im voraus schon sehn
bis an den Horizont von
Brücken Kirchen und Banken.
Lächelnd vergibt ein jeder von uns
seinem Nächsten und sich
diesen Nachmittag lang
all das Eis
unter der Sonne.

*Für den, der fragt*

*Warum schreiben Sie?*

Auf frischer Tat ertappt. Von weitem qualmen die Scheiterhaufen der Inquisition. Warum schreiben Sie? Erstens Zweitens Drittens. Klar und deutlich. Bei schweren Sünden die Zahl angeben.

Was es gibt, ist nicht genug. Ich sehne mich nach dem, was ich nicht bin, nicht habe. Weil es mehr und Besseres geben muß als das, was wir sind und haben. Nicht aus einer Sehnsucht heraus, die die Augen vor der Wirklichkeit verschließt, die den Blick über die Wirklichkeit hinaus nur auf das Erhoffte richtet. Ein solches Leben und Schreiben wäre Hochmut.

Meine Sehnsucht entspringt dem genauen Hinsehen auf die Wirklichkeit. Schreibend suche ich Möglichkeiten, die über das, was ich weiß, bevor ich die Worte setze, hinausgehen. So vermehre ich mich selbst und die Wirklichkeit auch.

*Und warum – Gedichte?*

Meine Großmutter ließ nichts verkommen. Von ihr lernte ich, jeden scheinbar noch so wertlosen Gegenstand zu beachten, seine Schönheit zu erkennen, ihm Bedeutung zu verleihen, die mit seinem profanen Gebrauch nichts zu tun hatte. Von ihr lernte ich das Sammeln, das Finden. Von ihr lernte ich das Spielen. Ich lernte das Wundern. Die Freude, mich selbst zu überraschen. Lernte das Verwandeln der Wirklichkeit.

Heute brauche ich dazu keine alten Knöpfe, keine Troddeln, Porzellanscherben, Splitter aus Glas, keine verbogenen Löffel, bartlosen Schlüssel mehr. Heute bin ich auf Wörter und Silben aus, steck sie zu mir mit der gleichen verschämten Kühnheit wie

einen rotgeäderten Rheinkiesel als Kind, spreche ihnen Bedeutung zu im Gedicht, wundere und freue mich, wenn sie Funken schlagen und sprühen wie Feuersteine.
Verwandlung, Magie. Nichts ist, was es scheint zu sein. Wieso ein Perlmuttknopf? Hier kommt der Kaiser. Ein blaues Stück Glas vor Augen: mein Dorf das Morgenland. So wie ein Ding kann jedes Wort verwandelt werden und selbst verwandeln. Weil im Gedicht jedes Wort wie im Zauberspruch gleich gültig ist. Jede Silbe, ja selbst die Pause, gesetzlich geschützt. Ein Gedicht ist das freiheitlich-demokratischste Gebilde der Welt.

*Wie Gedichte entstehen?*

Im Gehen. Mit den Füßen auf der Erde, mit den Wörtern im Kopf. Aus der Gangart erwächst ein Rhythmus, Wörter nähern sich, Bilder begleiten mich, halten mit mir Schritt, bis sie mich zum Inne-Halten, Aufschreiben nötigen. Dann entsteht das Gedicht: aus Ergangenem. Wie ist es dir ergangen? Was hast du begangen? Nur, was sich bewegt, lebt.
Dichter sind Sammler. Sie »suchen mit Fleiß, um durch Zufall zu finden« (Valery).
Was? Eine Strophe (großes Glück), eine Zeile (Glück), ein präzises Bild (komplizierte Bilder sind meist beliebig), einen Rhythmus, ein Wort. Jeden Einfall gleich und sogleich ernstzunehmen gehört zum Handwerk. Jedes Wort kann sich aus dem »Steinbruch der Stille« (Stifter) lösen, kann als Feuerwerk von Bedeutungen aufflammen in der Reibung mit einem anderen. Nicht nur die Dinge werden im Gedicht von ihrem gewöhnlichen Gebrauch gerückt; auch die Wörter werden in Bewegung versetzt, aus ihren festgezurrten Bedeutungen gelöst. Der Dichter muß den »Geisterblick« (Eichendorff) haben, der blitzartig das Entlegenste aneinanderrückt; dann schließen die Wörter einander auf.
Das Wunderbare: wenn sich die Wörter im Gedicht zu wandeln beginnen; vom Zeichen, das Wirklichkeit benennt, zum Ding, das Wirklichkeit schafft. Eine Wirklichkeit nicht nach den Gesetzen der Schwerkraft oder Grammatik, sondern nach denen der Poesie, die der Dichter gemeinsam mit den Wörtern in jedem Gedicht neu erfindet. Eine Wirklichkeit der Wortdinge.

Immer beginnt während des Schreibens eine Reaktion der Wörter untereinander. Den Wörtern muß man ihren Willen lassen, ihnen zu Willen sein. Mitunter benehmen sie sich wie die Dinge in Charlie Chaplins Filmen, entziehen sich jedem Werben auf groteske Weise, schießen quer und sperren sich, bis sie sich schließlich wie von selbst zusammenfügen. Vorsicht vor Adjektiven als emotionalem Schmieröl!
Eine bestimmte Strecke ist von den ersten Wörtern, den Bildern, dem Rhythmus vorgegeben. Dann gilt es Meister Ekkehart zu folgen: ganc âne wec den smâlen stec. Der Weg entsteht im Gehen. Aus jedem Schritt erwächst Kraft für den nächsten. Ob der Weg steinig oder eben, der Dichter ihn leichtfüßig oder hinkend gegangen ist, egal. In der Kunst geht es nicht nach Mühe und Belohnung. Entscheidend ist das Ergebnis. Das fertige Gedicht soll nicht nach Schweiß riechen. Die Ketten, in denen der Dichter tanzt (Nietzsche), darf man nicht klirren hören. Nur mit Absicht. Doch *jedes* geschriebene Gedicht ist besser als das beste geträumte. Es muß gegangen sein. Nur so entsteht das Gedicht. Und der Dichter selbst.

*Haben Sie das alles gelesen?*

Ja, log ich tapfer. Alles. Der Postbote stürzte, ohne das Porto für den Nachschub zu kassieren, aus meinen vier überbordenden Bücherwänden davon.

Es gibt nicht nur eine Provinzialität des Raumes, sondern auch eine der Zeit. Darauf hat T. S. Eliot hingewiesen. Der vorherrschende, geradezu unterwürfige Hang zur vordergründigen Aktualität ist mir, wo immer ich ihm begegne, zuwider. Sollte sich das unsichere Verhältnis vieler Deutscher zu ihrer Vergangenheit auch auf den Umgang mit ihrer literarischen Tradition ausdehnen? Wer lebt, schreibt, urteilt, als gehöre die Welt den Lebenden allein, der ist ein historischer Provinzler.

Jedoch: Das Vergangene wird nicht automatisch gegenwärtig. Es genügt nicht, bestimmte Regeln und Gesetze einzuhalten. Das wäre ein rein mechanischer, bequemer, konventioneller Kontakt. Es gibt nur ein Gesetz: Keine Regel ohne Ausnahme. Diese Ausnahme gilt es zu finden, zu erfinden und selbst wieder zur Regel zu machen. So ist die Moderne nicht das Gegenteil von Tradition, sondern führt sie fort, schafft sie selbst. Jedes Neue ist ein Verstoß gegen das Alte, ein Vorwärtsstoßen des Alten, ein Erweitern des Spielraums. Alle Erfindungen, auch die der Poesie, sind für den Gebrauch bestimmt und zur Weiterentwicklung. Jeder Hersteller sollte sie kennen, sein Handwerkszeug beherrschen.

Literatur muß, wie alle Kunst, um verständlich zu sein, auf das Vorhandene aufbauen, auch Redundanzen enthalten. Alles, was bereits erarbeitet wurde, steht mir zur freien Verfügung. Ich kann das Neue herausstellen. Ich kann das Neue im Alten verbergen.

Regeln und Gesetze sind Widerstände. Ich kann sie als Trampolin benutzen. Wer sie abschaffen will, gleicht der Kantschen Taube, die glaubt, im luftleeren Raum besser fliegen zu können. In der Kunst veraltet nichts. Das gilt nicht nur für das Handwerk. Es gibt auch Traditionslinien von Haltungen, Erfahrungen. Haltungen gegenüber, Erfahrungen mit dem Leben. Ich frage die, die mir vorangefahren sind, wie es um uns, ihre Nachfahren, steht. Indem ich Fragen aus meiner Zeit stelle, antworten sie als Zeitgenossen. Kunstwerke sind Antworten. Es muß immer neu gefragt werden.

*Haben Sie das alles selbst erlebt?*

Man muß nicht in jeder Pfütze gebadet haben, um zu wissen, daß sie dreckig ist. Sagte der Religionslehrer.
Jede Pfütze, jedes Bad, sage ich, muß ich mir vorstellen können.
Also erlebt: ja. Gelebt: nein. Erfahren: ja. Widerfahren: nein. Gedichte auf die äußere Biographie des Verfassers zu beziehen führt meist zu Kurz-, selten zu Rückschlüssen. Nicht im persönlichen Leben, im Er-Leben, der inneren Biographie gründet das Gedicht. Die amerikanische Dichterin Emily Dickinson führte ein Leben in äußerster Zurückgezogenheit. Die Wissenschaft jagt bis heute verschiedenen Phantomen unbekannter Liebhaber nach. Sie hatte, längst bevor sie – schon nicht mehr jung – eine Liebe lebte, die Liebe erlebt. Vielleicht durch Erzählungen, Lektüre, Musik, vielleicht durch die Geste einer Hand, das Zucken eines Mundwinkels. Sie schrieb wunderschöne Liebesgedichte.
Indes: Aus Gefühlen, ganz gleich, wodurch sie ausgelöst werden, entsteht kein Gedicht. Die Intensität von Erfahrungen hat nichts mit der von Dichtung zu tun. Erfahrungen sind notwendige, aber nicht hinreichende Voraussetzung für ein Gedicht. Ich leide, also dichte ich? Unsinn. Ich dichte, also leide ich: wenn die Silbe nicht sitzt, das Wort bockt. Gedichte werden aus Silben gemacht, nicht aus Sensationen. Erst wenn das Fleisch Wort wird, entsteht das Gedicht. Dann werden aus Erfahrungen Erfindungen gemacht.

Diese Erfindungen stellen eine neue Realität dar, die mit real erlebten Situationen Berührungspunkte haben kann, aber niemals ihr Echo ist. Die Realität wird im Gedicht bis zur Kenntlichkeit verändert. Das hat Ernst Bloch gesagt. Ich füge hinzu: Im Gedicht bin ich Ich bis zur Unkenntlichkeit, als eine, die sich zu Sprache gemacht, in Wörter aufgelöst hat, in Silben. Das Ich im Gedicht ist niemals identisch mit meiner Person. Ich bin ein Wortding geworden, ungleich realer und umfassender als jedes reale Ich; es umgreift das meine und das aller Leser aller Zeiten.

Degas erzählt, Mallarmé habe einmal ein Sonett vorgelesen. Allgemeines Rätseln, was es bedeuten möge: Triumph der Morgenröte? Sonnenauf-, Sonnenuntergang? Noch mancherlei. Schließlich Mallarmé: Aber ganz und gar nicht... Es ist meine Kommode.

*Für wen schreiben Sie?*

Für den, der fragen will.

Daß ihm das Gleichnis von der wunderbaren Brotvermehrung das liebste ist. Da schreibt einer ein Gedicht und Hunderttausende können es annehmen. Jeder das seine. Jeder ißt, jeder liest für sich allein. Jeder auf seine Art. Nur als unser Gedicht nährt das Gedicht.

Jedes Gedicht ist eine Antwort. Aber: Keine Antwort ohne Frage. Wer fragt was? Jeder, was ihm paßt. Ein Gedicht ist keine Vor-Schrift. Ich kann und will dem Leser seine Frage nicht in den Mund legen. Sobald ich das Gedicht geschrieben, frei- und losgesprochen habe, bin ich auch ein Leser; ich weiß anderes, mag sein, mehr, mag sein, weniger. Jedes Gedicht sagt dem Leser nur das, was er sich sagen läßt. Ändert er sich, ändert sich auch das Gedicht.

Ein Gedicht widerfährt uns wie das Leben. Ob, wie und welche Erfahrungen wir mit den Erfindungen machen, liegt allein an uns.

## *Was bewirkt ein Gedicht?*

Dichter sind Dealer. Gedichte Stoff. Sie sollen süchtig machen. Nach einer Wahrheit, die es so sonst nirgends gibt. Auch nach Schönheit. Jedoch: Schönheit allein erzeugt nur den Rausch, der ins Leere fallen läßt.

Gedichte sollen langsam wirken. Chronisch vergiften. Mit Erkenntnissen über uns selbst. Das ist gefährlich. Das Gift bleibt im Körper, die Erkenntnis im Kopf. Das ist nicht immer angenehm. Wir leben bequemer naiv. Indes: Das richtige Gift, richtig dosiert, stärkt.

Gedichte sind Stoff, in dem wir uns nicht verlieren. Wir finden immer mehr von uns selbst. Gedichte nehmen uns ins Gebet, decken auf, was wir zudecken möchten. Jede Lawine beginnt mit einer Schneeflocke. Zumindest die müssen Autor und Leser gemeinsam haben, sonst kommt nichts ins Rollen. Was bewegt wird, ist unkalkulierbar. Der Henker und sein Opfer lesen Hölderlin.

Das Gedicht ist so harmlos und gefährlich wie der Leser selbst. Er muß bereit sein, die Lawine zuzulassen, sonst wird aus den Schneeflocken nicht mal ein Ball. Jeder hat das Recht, sich so dumm zu stellen, wie er will. Das Gedicht ist einfach nur da. Es hat allein die Macht, die der Leser ihm einräumt. Es kommt vor, daß einer aufschrickt beim Lesen eines Verses wie beim Anruf des Appollinischen Torso in Rilkes Gedicht: Du mußt dein Leben ändern!

*Darf ein Gedicht schön sein?*

Das Auge ißt mit. Indes: Es muß etwas zum Kauen da sein. Das Gift in Schneewittchens Apfel steckte im roten Bäckchen. Gespritzte Äpfel sehen schön aus, sind ohne Nährwert und schmecken nach nichts. Ungespritzt sind sie schrumpelig und gesund. Der Apfel von früher, den es nicht mehr gibt, glänzt am schönsten, schmeckt am besten und macht groß und stark.

Jedes Gedicht ist der Versuch, diesen Apfel zu erreichen. Der hängt aber im Paradies. Jenseits des Erdenlebens. Daher spüren wir in jedem auf irdische Art vollkommenen Kunstwerk beides: das Paradies und den Tod. Das vollendete Gedicht wäre der Tod der Dichtung. Die Dichtung ist unsterblich, weil sie irdisch ist.

Um das Unmögliche – das vollendete Gedicht – nie zu erreichen, muß der Dichter immer sein Möglichstes tun. Er streckt die Hand aus nach dem Apfel aus Eden und trachtet damit nach nichts Geringerem als der Versöhnung von Erkenntnis und Schönheit, Sinn und Sinnlichkeit, Gehalt und Form. Denn als Dichtung bewährt und bewahrt sich alle Erkenntnis in der Form. Auch von der Gestaltung des Unglücks kann Glück ausgehen, wenn die Gestaltung vollendet ist.

Gedichte lesen wie Äpfel essen. Dem einen schmeckt es, und er ist's zufrieden. Der andere sucht zu ergründen, warum und woher der Geschmack kommt. Ein guter, schöner und wahrer Apfel hält dem genußvollen Biß des liebenden Lesers wie der Analyse des Kritikers stand.

## *Inhalt*

### *Irrtum*

*So daß*



*Abgetippt*

*Zum Sonntag*



*Für den, der fragt*

CIP-Titelaufnahme der Deutschen Bibliothek

*Hahn, Ulla:*
Unerhörte Nähe: Gedichte; mit einem Anhang
für den, der fragt/Ulla Hahn. –
Stuttgart, Deutsche Verlags-Anstalt, 1988
ISBN 3 421 06310 9


Typographie: Hans Peter Willberg, Eppstein
Satz aus der »Goudy Catalogue«: types, Stuttgart
Druck und Bindearbeit: Wilhelm Röck, Weinsberg
Printed in Germany